Mein großes
OSTERBUCH

Die Bilder malten
Terry Burton, Felicitas Kuhn, Gerti Lichtl
Willy Mayrl, Debbie Richardson und Frank Smith

Pestalozzi-Verlag, Erlangen

Ostern im Wald

Im Osterhasendorf sind die Vorbereitungen für Ostern in vollem Gange.
Einige Osterhasen schleppen körbeweise Eier herbei.
Andere mischen Farben. Und schließlich machen sich alle daran, die Eier zu bemalen. Da muß jeder Hase mithelfen.
Die erwachsenen Hasen arbeiten von morgens früh bis abends spät und legen mittags nur eine kurze Möhren- oder Löwenzahn-Mahlzeit ein.
Doch die Hasenkinder haben den Nachmittag frei zum Spielen.
Munter plaudernd kommen hier drei Hasenkinder dahergehoppelt.
Es sind Sissi, Flitzer und Stups.
Flitzer ist der Hase mit der Streifenhose, Stups hat ein kariertes Hemd an.
Die drei Häschen wollen im Wald ihre Freunde besuchen, das Eichhörnchen, den Fuchs, den Igel und Mauseminchen, die Maus.
„Bestimmt sind sie schon traurig, weil wir vor lauter Ostervorbereitungen keine Zeit mehr für sie haben", meint Sissi.
„Ach wo", sagt Flitzer, „die wissen doch, daß wir vor Ostern immer sehr beschäftigt sind."
Aber die Freunde der drei Hasenkinder sehen wirklich ein wenig niedergeschlagen aus.
„Was ist los?" fragt Stups.
„Bald haben wir wieder viel Zeit, um mit euch zu spielen", fügt Sissi hinzu.
Doch die vier Freunde schütteln den Kopf.
Mauseminchen ergreift das Wort: „Das ist es nicht", meint sie. „Deshalb sind wir nicht traurig. Wir haben uns nur gerade überlegt, warum zu Ostern immer nur die Menschenkinder beschenkt werden und wir nie."
Ja, warum eigentlich?

Das wissen die Hasenkinder auch nicht. Sie sehen sich betreten an.

„Ich will darüber nachdenken", sagt Flitzer und setzt sich auf einen Baumstumpf.

Sissi und Stups denken ebenfalls nach.

„Ich hab's! Ich habe eine Idee!" ruft Sissi plötzlich und springt auf. „Los, Flitzer, los, Stups, kommt mit mir! Wir haben jetzt viel zu tun! Wir dürfen keine Zeit verschwenden!"

„Müßt ihr wirklich schon gehen?" fragt Mauseminchen. „Warum habt ihr es auf einmal so eilig?" will auch der Fuchs wissen.

„Kann ich nicht sagen", meint Sissi geheimnisvoll.

„Ach, bitte, wir sind doch deine Freunde! Sag es uns doch!" bettelt das Eichhörnchen.

Aber Sissi schüttelt den Kopf. „Nein, geht nicht. Großes Hasengeheimnis. Osterhasengeheimnis!"

Die drei Hasenkinder hoppeln davon.

Am Waldrand angelangt, rückt Sissi mit der Sprache heraus: „Wie wäre es, wenn wir unseren Freunden zu Ostern schöne Nester zusammenstellten?"

„Toll! Eine prima Idee!" Stups und Flitzer sind begeistert.

„Aber was legen wir in die Nester hinein?" will Flitzer wissen.

„Auf jeden Fall ein buntes Osterei. Und dazu lauter Sachen, die ihnen schmecken", verkündet Sissi.

„Mauseminchen mag gern Körner", erinnert sich Stups. „Ich laufe zum Feld und hole welche."

„Dann besorge auch Nüsse und Eicheln. Die mag das Eichhörnchen", sagt Flitzer.

Und Sissi beschließt: „Gut, und du, Flitzer, holst Äpfel für den Igel. Ich selbst will sehen, wo ich Weintrauben für den Fuchs bekommen kann."

Schnell holen die Hasenkinder im Dorf ihre Körbe und machen sich auf, um Leckereien für die Freunde zu besorgen.

Am Abend vor Ostern richten sie liebevoll die Nester her.

„Sagt einmal ehrlich, sieht das rote Ei nicht herrlich zwischen den braunen Nüssen aus?" fragt Sissi.

„Sehr schön", stimmt Flitzer zu. „Aber guck dir auch einmal das gelbe Ei zwischen den Weintrauben an! Unserem Füchslein wird das Wasser im Maule zusammenlaufen bei diesem Anblick!"

Plötzlich wird über ihnen ein Fensterladen geöffnet.

Haseline streckt den Kopf zum Fenster heraus und fragt: „Was macht ihr denn da? Für wen sind die schönen Nester?"

„Das geht so kleine Hasen wie dich überhaupt nichts an!" sagt Sissi schnippisch und kommt sich schrecklich wichtig vor.

„Kleine Hasen!" schimpft Haseline. Beleidigt macht sie den Fensterladen wieder zu.

Schließlich stellen Sissi, Flitzer und Stups die fertigen Nester in ihre Kiepen und verabreden sich für den nächsten Morgen, den Ostermorgen, gleich nach dem Frühstück.

In aller Frühe brechen die erwachsenen Osterhasen auf, um Ostereier zu den Menschenkindern zu bringen.

Sissi, Flitzer und Stups aber machen sich hoppelnd auf den Weg zu ihren Freunden.

„Am besten gehen wir zuerst zu Mauseminchen", schlägt Sissi vor. „Sie wohnt ja nicht weit von hier."

Am Kornfeld angekommen, heißt es erst einmal suchen. Denn Mauseminchens Haustür liegt gut versteckt.

Suchend laufen die Hasenkinder am Feld entlang.

Da, jetzt haben sie die Tür gefunden!

„Pst, leise, damit uns Mauseminchen nicht hört!" flüstert Stups. Vorsichtig holt er das kleine Osternest aus Sissis Kiepe.

„Biegt die Halme ein wenig zur Seite, damit ich das Nest dicht neben die Haustür stellen kann", tuschelt Stups seinen beiden Hasenfreunden zu. „Stell's aber nicht direkt vor die Haustür, sonst tritt Mauseminchen womöglich hinein", warnt Sissi. „Und das wäre wirklich jammerschade", brummelt Flitzer.

„Puh, das wäre geschafft!" seufzt Stups erleichtert. „Wen beschenken wir als nächsten?"

„Ich würde sagen, den Igel", schlägt Flitzer vor. „Aber bei dem müssen wir bestimmt nicht so leise und vorsichtig sein wie bei Mauseminchen. Wie ich den kenne, schläft er um diese Zeit tief und fest."

Vom Kornfeld aus hoppeln die Hasenkinder nun der Hecke am Waldrand zu. Einen festen Wohnsitz wie Mauseminchen hat ihr stachliger Freund nicht. Er schläft im Schutz der Hecke mal hier, mal dort – wo ihn gerade nach seiner nächtlichen Futtersuche der Schlaf übermannt.

Als die Hasenkinder an einer umgestürzten Buche am Waldrand ankommen, sagt Flitzer: „Ich stelle hier meine Kiepe ab. Wenn wir nachher dem Eichhörnchen sein Nest bringen, müssen wir ohnehin hier wieder vorbei. Ich nehme nur das Nest für den Igel mit."

„Eine gute Idee!" lobt Sissi. „Ohne Kiepen können wir uns viel besser bücken und den Igel unter der Hecke suchen."

Flitzer holt das Nest mit den Äpfeln und dem grünen Ei aus seiner Kiepe. Dann stellen die drei Hasenkinder ihre Kiepen bei der umgestürzten Buche ab. Und schon laufen sie gebückt und angestrengt suchend an der Hecke entlang.

„Da ist er! Ich sehe ihn!" sagt Stups auf einmal.

„Es sieht aus, als ob er etwas Schönes träumt", flüstert Flitzer. „Seht nur, wie er lächelt!"

„Vielleicht träumt er von einem Osternest", scherzt Sissi.

„Ha, ha!" kichert Flitzer los. „Dann wird er aber beim Aufwachen Augen machen, wenn wirklich eines vor ihm steht!"

„Kommt jetzt, wir müssen weiter!" drängt Stups.

„Wer als erster bei den Kiepen ist!" ruft Sissi übermütig und rennt auch schon los.

Hei, das lassen sich Flitzer und Stups nicht zweimal sagen! Schon sausen sie hinter Sissi her.

Flitzer gewinnt den Wettlauf – wie immer. Nicht umsonst hat dieser Hase seinen Namen!

„Wie machst du das bloß?" fragt Stups neidisch.

„Ph, ganz einfach!" lacht Flitzer ein wenig atemlos. „Ich stelle mir jedesmal vor, der Hund des Jägers ist hinter mir her. Und da renne ich eben, so schnell ich nur kann!"

„Das probiere ich beim nächsten Mal auch aus", nimmt sich Stups vor.

Nun setzen die drei Häschen ihre Kiepen wieder auf. Und es dauert nicht lange, da sehen sie die große Tanne, auf der das Eichhörnchen wohnt.

„Ich laufe vor und rufe laut nach ihm", schlägt Sissi vor. „Bei dem Eichhörnchen weiß man nie, ob es sich nicht gerade irgendwo in den Zweigen versteckt."

Schon stellt sie ihre Kiepe ab, läuft zur großen Tanne und ruft: „Hallo, Eichhörnchen, guten Morgen!"

Keine Antwort.

„Eichhörnchen, ich bin's, Sissi! Bist du zu Hause?"

Wieder keine Antwort.

Da ist Sissi sicher, daß das Eichhörnchen nicht daheim ist. „Los, kommt!" ruft sie Stups und Flitzer zu. „Und bringt auch meine Kiepe bitte mit!"

Die beiden Hasenkinder kommen angehoppelt.

Doch Sissi blickt hilflos am hohen Stamm der Tanne hinauf. „Wie sollen wir denn das Nest da hinauf kriegen?" fragt sie. Flitzer überlegt einen Augenblick, dann sagt er: „Ich hab's. Paß auf, Stups, du steigst jetzt auf meine Schultern. Sissi reicht dir das Nest mit den Eicheln und Nüssen und zuletzt das dicke Osterei."

Gesagt, getan. Hopp! springt Stups auf Flitzers Schultern.

„Hu! Wackel nicht so!" ruft er und versucht mühsam, das Gleichgewicht zu halten.

„So, jetzt", meint er dann, und Sissi reicht ihm das Nest mit Eicheln und Nüssen.

Stups bettet das Nest in die unterste Astgabel. „Jetzt reich mir das Osterei!" bittet er Sissi.

Sissi hält es in die Höhe.

„Ich kann noch nicht dran", klagt Stups.

„Stell dich auf die Zehenspitzen, Sissi!"

Und Flitzer schimpft: „Jetzt beeilt euch mal. Ich kann Stups nicht mehr lange halten!"

Die drei Hasenkinder strengen sich mächtig an.

„Fertig!" freut sich Stups und springt mit einem Riesensatz von Flitzers Schultern.

„Eigentlich ist es schade, daß wir nicht miterleben, wie das Eichhörnchen das Osternest findet", sagt Sissi.

„Bestimmt saust es vor Freude den Stamm hinauf und schwingt sich vom Wipfel der Tanne bis zum nächsten Baum!" lacht Stups.

Flitzer schüttelt sich. „Wenn ich nur ans Fliegen denke, wird mir schon ganz schwindelig."

„Ich fühle mich auch wohler, wenn ich Boden unter den Füßen habe", meint Sissi.

Die Hasenkinder schultern ihre Kiepen wieder. Jetzt haben sie nur noch ein einziges Nest, das für den Fuchs. Plaudernd und lachend machen sie sich auf den Weg zu ihm.

Auf einmal sagt Stups: „Pst, wir müssen jetzt leise sein. Dort hinten ist schon die alte Eiche, unter der unser Freund wohnt."

Während Sissi und Stups im Gebüsch versteckt warten, schleicht sich Flitzer auf leisen Sohlen an den Baum heran.

Er will herausfinden, ob der Fuchs zu Hause ist.

Gewöhnlich streift dieser in der Nacht umher und sucht sich seine Nahrung. Daher müßte er jetzt eigentlich schlafen.

Flitzer steckt den Kopf ein Stück in die hohle Eiche hinein. Er braucht seine Ohren nicht anzustrengen: Laut und deutlich hört er den Fuchs schnarchen.

Aufgeregt winkt Flitzer Sissi und Stups und gibt ihnen das Zeichen näherzukommen.

Vorsichtig nehmen Sissi und Stups das Nest für den Fuchs aus der Kiepe.

„Es ist ein wenig durcheinandergeraten", flüstert Sissi. „Flitzer, horch noch in den Bau hinein, damit uns der Fuchs nicht überrascht."

„Mach aber schnell", sagt Flitzer, denn aus dem Fuchsbau steigt ein recht strenger Geruch auf...

Mit leeren Kiepen hoppeln die Hasenkinder schließlich zurück zum Osterhasendorf.

Dort treffen gerade die ersten erwachsenen Osterhasen ein. Sie schwätzen und lachen ebenso aufgeregt wie Sissi, Flitzer und Stups.

Kein Wunder! Sie haben ja gerade ihre Pflicht als Osterhasen erfüllt und den Menschenkindern wie jedes Jahr viele bunte Ostereier gebracht.

Dabei erleben sie natürlich so allerhand.

„Nanu?" fragen sie verwundert, als sie die drei Hasenkinder mit ihren leeren Kiepen im Hasendorf antreffen. „Wo kommt ihr denn schon in aller Frühe her? Das sieht ja ganz so aus, als hättet ihr heute schon wie richtige Osterhasen gearbeitet!"

„Haben wir auch!" rufen Sissi, Flitzer und Stups gleichzeitig und sind sehr stolz.

„Wir haben in diesem Jahr unseren Freunden Osternester gebracht!" erzählt Flitzer.

„Sie waren nämlich traurig, weil immer nur die Menschenkinder an Ostern beschenkt werden!" fügt Stups hinzu.

„Das habt ihr aber fein gemacht!" loben die erwachsenen Osterhasen. „Bestimmt haben sich eure Freunde sehr gefreut."

„Hallo! Das war aber eine Überraschung!" hören die Hasenkinder plötzlich vertraute Stimmen rufen.

Was meint ihr, wen sie sehen, als sie sich umdrehen? Richtig, Eichhörnchen, Igel, Fuchs und Mauseminchen sind es, die ihnen da freudestrahlend entgegenkommen.

Jeder der vier trägt sein Osternest vor sich her und strahlt vor Glück.

„So schön habe ich mir ein Osternest nicht vorgestellt!" lacht der Fuchs.

„Da sind ja lauter leckere Sachen drin!" freut sich der Igel. Und Mauseminchen sagt: „Herzlichen Dank, liebe Osterhasen! Und um euch zu zeigen, wie sehr wir uns freuen, haben wir uns etwas ausgedacht: Wir laden euch drei heute bei den Baumstümpfen zum Essen ein. Kommt so etwa in einer Stunde. Bis dahin werden wir etwas Leckeres für euch besorgen!"

Dankend nehmen die Hasenkinder die Einladung an.

Eine Stunde später sieht man sie über die Wiese zu den Baumstümpfen hoppeln.

Die drei sind sehr gespannt. Was die Freunde ihnen wohl zum Essen anbieten werden?

„Hoffentlich ist es etwas Saftiges!" wünscht Sissi.

„Und etwas zum Knabbern!" meint Stups.

„Warten wir's ab!" sagt Flitzer.

Mit großem Hallo begrüßen Eichhörnchen, Fuchs, Igel und Mauseminchen die Hasenkinder.

„Wir hoffen, ihr mögt frische Möhren!" sagt Mauseminchen.

„Hm, köstlich!" ruft Flitzer.

„Die sind genau nach unserem Geschmack!" meint Stups schmatzend.

Sissi nickt zustimmend.

Nun fangen die Freunde an, von ihren Leckereien zu essen. Aber die bunten Ostereier, die werden noch aufgehoben!

„Das Beste auf der Welt sind Weintrauben", sagt der Fuchs.

„Für mich sind es Nüsse", meint das Eichhörnchen.

„Und für mich Äpfel", sagt der Igel.

Mauseminchen sagt gar nichts. Sie knabbert stillvergnügt an ihren Körnern.

Alle sind sich einig: Dies ist ein wunderschönes Osterfest!

Die Überschwemmung

Seit der Schnee geschmolzen ist, hat es nur geregnet. Rings um das Osterhasendorf sind die Wiesen überschwemmt, so daß die Hasen wie auf einer Insel leben.
„Wie sollen wir bloß die Eier holen?" sorgt sich der Oberosterhase. Doch eines Morgens schwimmt eine Schar Enten mit vollen Eier-

körben über den Wiesensee. Die Hühner haben sie gebeten, die Eier im Hasendorf abzuliefern. Die Hasen sind begeistert: „Was für eine Idee! Diese Hühner haben Einfälle!" Und obwohl es schon wieder regnet, malen sie gleich mit Feuereifer drauflos.

„Uns werden noch Schwimmhäute wachsen, wenn das so weitergeht!" spottet Hoppel und schleppt eine neue Ladung wasserfeste Farbe heran.

Nach ein paar Tagen sind die Eier bunt bemalt. Dann heißt es: Boote reparieren! Da wird gehämmert und geschnitzt, gepumpt und genäht, daß es eine Freude ist.
„Ich habe ein Ei aufs Segel gestickt", kichert Hoppeline ausgelassen. „Wir könnten das Boot ‚Der fliegende Eiermaler' taufen!" Kleckser schwingt den Wasserschlauch. „Paß auf, sonst tauf ich dich!" lacht er. Die Arbeit macht allen Spaß.

Als die Boote startklar sind, werden die bunten Eier hineingepackt. Plötzlich schreit eine Hasenfrau erschrocken auf: „Tolpatsch! Du gehst gleich unter!"

Tatsächlich hat Tolpatsch sein Boot so einseitig beladen, daß es schon ganz schräg liegt.

„Iih! Ich krieg nasse Füße!" quietscht er. Alle lachen und helfen ihm, seine Ladung besser zu verteilen.

Endlich können sie losfahren. Aber Tolpatsch ist nun mal kein Seemann oder, besser gesagt, Seehase. Er ist kaum vom Ufer weg, als — platsch! — sein Boot umkippt. „Hilfe! Ich ertrinke!" schreit er aus Leibeskräften.
Schnell paddeln alle zu ihm hin und ziehen ihn und die Eierkörbe aus dem Wasser.
„Jetzt hast du nicht nur nasse Füße!" kichern die Entenküken

schadenfroh. Aber sie helfen trotzdem fleißig mit, die Eier einzusammeln.

Schließlich ziehen die Osterhasen erneut los. Der Oberosterhase hat die Segel gesetzt und steuert geschickt allen voran.

„Osterhasen ahoi!" rufen die Hasenkinder. Sie wären ja zu gerne mitgefahren ...

„Und helft Tolpatsch beim Ausladen!" ruft eine Hasenfrau besorgt.

„Sonst schwimmen seine Eier davon", ergänzt eine andere. Noch in keinem Jahr haben die Osterhasen so viel gelacht wie bei der großen Überschwemmung. Nur Tolpatsch nicht. Der hat einen gewaltigen Schnupfen und niest hatschi! und pitschüh!
Die Kinder bekommen trotz allem rechtzeitig ihre Osternestchen. Manche sind zwar ein bißchen feucht, aber das macht ja nichts, oder?

„Hurra! Die Post ist da!" jubelt Valentin. Endlich! Mit einer Riesenkiste kommt das Postauto im Dorf an.

Neugierig springen die Hasen herbei. „Schnell, Valentin, pack aus! Wir wollen sehen, was du bestellt hast!"

Eifrig überlegen alle, was wohl in der Kiste stecken könnte. Farbe? Oder eine Staffelei?

„Ihr kommt ja doch nicht drauf!" lacht Valentin. „Am besten, ihr helft mir einfach beim Auspacken!"

Brett für Brett stemmen sie von der Kiste ab, und zum Vorschein kommt … ein riesiges Ei!
„Was hast du denn bloß damit vor?" wundern sich alle.
Valentin betrachtet es andächtig. „Ich will es bemalen. Es soll mein Meisterstück werden", verrät er.

„Also, ‚Meister' Valentin, dann streng dich mal schön an!" neckt ihn der Oberosterhase.

Viele Freunde der Hasen kommen, um das Ei zu sehen. Henne Malwine ist ganz verstört. „Wer legt bloß solche Rieseneier!" jammert sie.

Hahn Gockel versucht, sie zu trösten: „Nun gräm dich doch nicht, Malwine! Es ist bestimmt kein Hühnerei."

Unterdessen nun hat Valentin ein Gerüst gebaut und beginnt, das Ei zu bemalen.

Vor Aufregung stößt er die Farbe um. Achtung! Im letzten Moment springen die Igel beiseite.

Nach und nach versammeln sich immer mehr Hasen mit ihren Eiern und Farbtöpfen um Valentin. Es macht einfach Spaß, ihm zuzuschauen, meinen alle.

„So schnell wie diesmal ging das Eiermalen noch in keinem Jahr!" ruft ein Hasenmädchen vergnügt.

„Und so schön sind sie auch noch nie geworden!" meint ihr Freund. „Es muß an Valentins Riesenei liegen. Wißt ihr übrigens, was der Oberosterhase gesagt hat? Wir sollten am besten jedes Jahr so ein großes Ei bemalen!"

Als Valentin das hört, lächelt er nur geheimnisvoll und lobt die Hasen für ihre schönen Muster.

Endlich sind alle Eier bemalt. Zum Abschluß wird, wie immer, der beste Maler gewählt. Kein Zweifel:

Den ersten Preis, die goldene Möhre, hat Valentin verdient! Er darf sich nun ‚Meister Valentin' nennen.

„Wer soll jetzt eigentlich dein Ei bekommen?" erkundigt sich der Oberosterhase bei Valentin. Der lacht verschmitzt und sagt: „Ich denke, wir behalten es und stellen es im Dorf als Denkmal auf."

„Hurra!" schreien da die Hasen. „Einen Applaus für die Sieger und einen Sonderapplaus für Meister Valentin!"

Maxel hat Geburtstag

„Uaah!" Maxel gähnt und streckt sich. Was ist denn das für ein Lärm in aller Frühe? Er reibt sich die Augen und blinzelt verschlafen. Vor seinem Bett stehen seine Eltern und Geschwister und singen: „Hoch soll er leben!" Stimmt ja — er hat Geburtstag! Wie konnte er das nur vergessen!

Mit einem Satz ist Maxel aus dem Bett. Er zieht sich schnell an und macht sich dann an das Auspacken der Geschenke. „Ein Mal-

kasten!" jubelt er. „Und so viele Pinsel! Ein Übungsei! Jetzt bin ich ein echter Maler!"

Sein Bruder Bertl lacht. „Immer langsam, Kleiner. Aber schau dir mal die Staffelei an! Einfach erstklassig!"

„Ich bin kein ‚Kleiner'. Und morgen male ich 100 Bilder, du wirst schon sehen. 100 bunte Bilder, wie ein richtiger Maler! Aber heute feiern wir!"

Am Nachmittag hat er seine Freunde zur Geburtstagsparty eingeladen. „Mhh, Möhrentorte! Die mag ich am liebsten!" schmatzt Mukkel und beißt herzhaft hinein.
Plötzlich ruft Bertl: „Schaut mal, da kommt endlich der Igel! Natürlich unpünktlich — wie immer."
„Hallo, Stachelbär! Was ist denn an dir hängengeblieben?" neckt ihn das Eichhörnchen.

„Red keinen Unsinn! Das ist doch das Geschenk für Maxel", brummt der Igel, aber dann muß er doch lachen. „Alles Gute, Maxel! Und versuch mal, das Paket herunterzuziehen, ich schaff das alleine nicht. Aber sei ganz vorsichtig!"

Maxel staunt. „So eine Riesenschachtel! Was kann da bloß drin sein? Hoffentlich hast du es mit deinen Stacheln nicht ganz durchlöchert!"

Nachdem der letzte Krümel Möhrentorte vom Teller geleckt ist, werden Spiele gemacht. Zuerst Eierlaufen. Hui — da sind die Hasenkinder ganz vorne dabei!
Der Igel aber stolpert über seine eigenen Pantoffeln, und das Ei kullert ins Gras.
„Fast hätte es Rührei gegeben!" quietscht das Eichhörnchen vergnügt und springt mit einem Riesensatz über ihn hinweg.

Als nächstes ist Sackhüpfen an der Reihe. „Seht mal den Igel!" jauchzt Muckel, der kaum aus seinem Sack herausschauen kann. Maxel wälzt sich schon vor Lachen auf dem Boden. „Hahaha! Wir spielen doch nicht Blindekuh! Hihihi!"
„Lach nicht, hilf mir lieber aus dem Sack heraus!" sagt der Igel mit weinerlicher Stimme. Aber das ist gar nicht so einfach, denn er steckt mit allen Stacheln fest.

Am Abend darf Maxel endlich die Lampions anzünden. Darauf hat er sich schon den ganzen Tag gefreut. Dann stellen sich alle im Kreis auf und singen dazu: „Hasenmädchen, tanz mit mir, beide Hände reich ich dir …"
„Das war mein allerschönster Geburtstag!" gähnt Maxel, als er müde ins Bett fällt. „Morgen male ich dann 100 Bilder! Ganz bunte." Und schon ist er eingeschlafen.

Von allen Seiten kommen die Hasenkinder zum Kindergarten. Frau Zwicker, die Erzieherin, erwartet sie schon. Opa begleitet Kati. Siehst du sie? Du erkennst sie ganz leicht an ihrem hellen Gesicht und dem rosa Kleidchen.

Zuerst dürfen die Hasenkinder tun, was ihnen Spaß macht. „Ich lese", sagt Kati und sucht sich ein Bilderbuch aus. An ihrem Tisch basteln zwei Häschen. „Oh, wie schön!" ruft Frau Zwicker. „Eine Hasenkette! Malt ihr sie noch an?"

Bald darauf wird gefrühstückt. Zwei Hasenkinder teilen die Teller aus. Und was gibt es zu essen? Natürlich knackige Möhren! „Purzel, bringst du mir meine her an den Tisch?" ruft Kati. „Sie liegt in meinem Korb."

„Jetzt wollen wir draußen spielen", sagt Frau Zwicker. Kati backt im Sandkasten viele, viele Kuchen. Andere Häschen klettern auf die Rutschbahn. „Ab die Post!" ruft Frau Zwicker. Und sssst! sausen sie hinunter.

Die Turnstunde macht den Hasenkindern großen Spaß. Kati und ein paar Häschen fassen sich an den Händen. „Hopp, hopp, hopp, im Kreis hüpfen!" ruft Frau Zwicker. Doch zwei Hasenkinder klettern lieber an der Sprossenwand.

Nun kommt das dran, was alle am liebsten tun: das Eiermalen. Die größeren Kinder, wie Kati, dürfen die Muster auf richtige Eier malen. Im Nu vergeht die Zeit. Dann heißt es: „Schnell aufräumen! Ihr werdet abgeholt!"

Der Osterhase und der Schmetterling

Es sind nur noch drei Tage bis zum Osterfest. Auf der großen Wiese vor dem Hasendorf wird fieberhaft gearbeitet. Viele Osterhasen sitzen dort und malen Eier an.

„Haltet die Eier nur gut mit euren Hinterpfoten fest!" hat der Ober-Osterhase die Hasen ermahnt. „Die Eier sind in diesem Jahr entsetzlich teuer! Und Ersatzeier sind auch kaum zu kriegen! Die Hennen werden wirklich von Jahr zu Jahr bequemer!"

Also geben sich die Osterhasen große Mühe, damit kein Ei kaputt geht.

Eifrig tauchen sie ihre Pinsel in die Töpfe mit roter, gelber, blauer und grüner Farbe.

Nur einer pinselt lustlos an seinem Ei herum. Es ist der Hase Leichtfuß.

„Immer nur rot, gelb, blau und grün!" schimpft er vor sich hin. „So etwas Langweiliges! Wenn ich nur wüßte, wie ich fröhlichere Eier malen könnte!"

Leichtfuß grübelt und grübelt... Und er ist so in seine Gedanken versunken, daß er nicht merkt, wie ihm langsam sein halbfertiges Ei aus den Hinterpfoten gleitet.

Als er es dann aber merkt, ist es schon zu spät.

Leichtfuß streckt trotzdem die Hand aus, und – stößt dabei seinen Farbtopf um. Platsch! macht es. Und schon ergießt sich die ganze Farbe auf die Erde.

„Oje, oje!" jammert Leichtfuß. „Was soll ich jetzt tun? Was soll ich nur dem Ober-Osterhasen sagen?"

Ratlos und verzweifelt fängt der Hase an zu weinen.

Immer feuchter wird sein großes Taschentuch von all den Tränen.

Doch dann sagt sich Leichtfuß: Vom Heulen wird es auch nicht besser! Ich muß mir ein neues Ei besorgen und es so schön bemalen, daß der Ober-Osterhase mir den umgeworfenen Farbtopf und das angeknackste Ei verzeiht!

Leichtfuß legt sein feuchtes Taschentuch zum Trocknen ins Gras, beschwert es noch mit einem Stein, damit es nicht davonfliegt, und springt dann mit einem Ruck auf.

Aufgeschreckt durch diese Bewegung flattert vor dem Hasen ein Schmetterling von einer Blume auf.

„Oh, ist der schön!" flüstert Leichtfuß bewundernd. „So müßte mein Osterei aussehen!"

Und schon hat er eine Idee. Eine ausgezeichnete Idee sogar! Er wird sich den Schmetterling fangen.

Ja, und dann wird er sich die richtige Farbe mischen und ein Ei damit anmalen. Das wird er mit dem Muster verzieren, das auch auf den Flügeln des Schmetterlings ist.

„So und nicht anders wird es gemacht!" sagt Leichtfuß entschlossen.

Und schon jagt er dem Schmetterling nach.

Der gaukelt auf und nieder, setzt sich hier auf eine leuchtende Blüte, dort auf einen Pilz. Ja, er läßt sich sogar kurz auf einem Löffel von Leichtfuß nieder!

„Na warte nur, du frecher Falter!" droht Leichtfuß. „Gleich erwische ich dich!"

Leichtfuß rennt und schleicht sich an. Er springt nach links und springt nach rechts.

Er bückt sich und schnellt in die Höhe.

Aber den Schmetterling erwischt er nicht.

„Hihi!" kichert der Igel, der dem Hasen schon eine Zeitlang zugesehen hat. „Höher müßtest du springen können!" neckt er ihn.

„Fliegen müßtest du können!" spottet eine Maus, die Leichtfuß ebenfalls beobachtet hat.

„Ph, wenn ihr wüßtet, worum es hier geht!" schnaubt Leichtfuß etwas atemlos.

„Worum denn?" will der Igel wissen.

Da erklärt der Hase: „Ich brauche den Schmetterling als Modell für mein neues, fröhliches Osterei!"

„Du könntest ja auch mich als Modell nehmen", bietet sich der Igel an.

Leichtfuß sieht ihn verdutzt an. „Dich als Modell für ein fröhliches Osterei? Unmöglich! Dazu bist du viel zu langweilig!"

Da ist der Igel natürlich beleidigt. „Dann eben nicht!" sagt er spitz und verschwindet im Kornfeld.

Leichtfuß tut es zwar leid, daß er den Igel gekränkt hat, aber...

„Ein Igel als Modell für ein Osterei! Na, der hat wirklich von Farben und Ostereiern keine Ahnung!" murmelt er vor sich hin.

Suchend sieht sich nun der Osterhase wieder nach dem Schmetterling um. Aha, dort auf dem Zaunpfahl sitzt er.

Ich will es einmal mit List versuchen, denkt sich Leichtfuß. Ich tue so, als wollte ich ihn gar nicht mehr fangen.

Ich lasse mich von ihm umgaukeln und umflattern, ohne eine Miene zu verziehen. Und dann plötzlich, wenn er sich sicher fühlt und mir wieder sehr nahe kommt, mache ich – schnapp! – mit der Pfote und habe ihn.

Vergnügt setzt Leichtfuß seinen Weg fort. Er streckt dabei die Nase in die Luft und summt vor sich hin. Er tut, als gehe ihn der Schmetterling überhaupt nichts mehr an. Doch insgeheim beobachtet er ihn aufmerksam aus den Augenwinkeln heraus.

Auf einmal aber – o Schreck! – verliert Leichtfuß den Boden unter den Füßen. Ein Schritt noch ins Leere, und dann landet er – platsch! – im Bach.

Was für ein Schreck für den Osterhasen! Er kann nur hoffen, daß niemand zugesehen hat!

Prustend und spuckend sucht Leichtfuß am Ufer Halt.

„Wünsche einen schönen guten Morgen!" begrüßt ihn ein Frosch hämisch grinsend. „Ich wußte gar nicht, daß Osterhasen das Morgenbad ebenso lieben wie ich. Ich dachte immer, sie gehen dem Wasser eher aus dem Wege... Tttttt, man lernt doch immer wieder etwas dazu."

Leichtfuß erwidert nur mürrisch: „Guten Morgen."

Er weiß nicht so recht: Will der Frosch ihn nur verspotten, oder meint er es ernst?

Triefend und mit nassen, hängenden Ohren zieht sich Leichtfuß ans trockene Ufer.

Ja, und wen sieht er dort seelenruhig auf einer Blume sitzen? Seinen Modellschmetterling natürlich.

Fast sieht es so aus, als blicke dieser ihn spöttisch an. Aber vermutlich bildet sich Leichtfuß das auch nur ein.

Der Hase duckt sich und schleicht sich an. Ganz dicht sieht er den farbenfrohen Falter vor sich. Schon streckt er die Pfote nach ihm aus – zu spät. Dann gaukelt der Schmetterling dicht an seiner Nase vorbei. So dicht sogar, daß er die Schnurrhaare streift.

„Hatschi!" niest Leichtfuß. „Hih, wie das kitzelt!... Hatschi!" Oder niest er vielleicht wegen seiner nassen Kleider? Vorsichtshalber zieht er sie aus und hängt sie zum Trocknen über ein paar hohe Grashalme. Dann legt er sich ins Gras und läßt sich rundherum von der Sonne trocknen. Dabei denkt er: Ja, wenn nicht in drei Tagen Ostern wäre, könnte ich mir jetzt ein Nickerchen gönnen, so aber....

„Auf geht's", murmelt er und schlüpft in die beinahe trockenen Kleider. Dann springt er auf und hält wieder nach seinem Modell Ausschau.

Der Schmetterling scheint auf Leichtfuß gewartet zu haben.

Denn kaum steht der Hase wieder auf den Hinterpfoten, da flattert der Schmetterling von einer Blume auf.

Bis in den Wald hinein lockt er Leichtfuß. Und dann ist er plötzlich verschwunden.

Suchend läuft der Hase zwischen den Bäumen umher. Aber vergebens.

Sein Modell-Schmetterling ist ihm entwischt.

Eine Eule fragt: „Was suchst du denn hier im Wald? Wieso hast du überhaupt Zeit, um spazieren zu gehen? Ich denke, so kurz vor Ostern habt ihr Osterhasen immer viel Arbeit!"

„Wir haben auch viel Arbeit vor Ostern", brummt Leichtfuß. „Deshalb bin ich ja gerade hier!"

Die Eule und einige andere Tiere, die inzwischen hinzugekommen sind, sehen den Hasen verständnislos an. „Was soll das heißen?" will die Eule wissen.

Da erzählt Leichtfuß die ganze Geschichte: von dem umgefallenen Ei, dem umgestürzten Farbtopf und von seiner Idee, den Schmetterling als Modell für ein fröhliches Osterei zu fangen.

„Eine gute Idee!" lobt die Eule. „Ich hoffe nur, daß du den Schmetterling wiederfindest. Hier im dunklen Wald ist er bestimmt nicht. Soviel ich weiß, lieben Schmetterlinge die Sonne."

„Danke für den Rat", sagt Leichtfuß artig.

Als er den Waldrand erreicht, setzt er sich, um ein wenig auszuruhen.

Die Aufregung, das Bad und die Jagd nach dem Schmetterling haben ihn schrecklich müde gemacht.

Gerade als ihm die Augen zufallen, verspürt er ein leichtes Kitzeln an der rechten Hinterpfote. Blinzelnd öffnet er ein Auge. Da wippt etwas in herrlichem Rosa auf seiner Pfote auf und ab. Mein Modell! schießt es Leichtfuß durch den Kopf.

Er schließt sein blinzelndes Auge wieder, zählt bis zehn und reißt dann beide Augen gleichzeitig weit auf.

Wirklich, da sitzt sein Modell-Schmetterling und sieht ihn an. Mit ganz zarter Stimme fängt er an zu reden: „Hör mir zu", sagt er. „Ich weiß, was du von mir willst. Du brauchst mich, um nach meinen Flügeln ein Osterei zu bemalen. Ich habe nichts dagegen. Ich will dir sogar gern Modell stehen. Doch du darfst mich nicht berühren. Wenn du mich nämlich anfaßt, geht der Staub von meinen Flügeln ab, und ich kann nicht mehr fliegen."

Leichtfuß hat dem Schmetterling aufmerksam zugehört.

Erstaunt gesteht er: „Das habe ich nicht gewußt."

Und feierlich fügt er hinzu: „Ich verspreche dir, daß ich dich nicht berühre!"

„Gut, dann komme ich mit dir und sitze dir Modell für dein Osterei", erklärt der Schmetterling.

Im Nu ist Leichtfuß auf den Beinen. Alle Müdigkeit ist wie weggeflogen. So schnell ihn seine flinken Beine tragen, läuft er zum Hasendorf zurück.

„In Deckung!" ruft eine Maus und rettet sich ins Mauseloch. „Ja, ja!" sagt der Maulwurf bedächtig. „Vor Ostern haben es die Hasen immer besonders eilig!"

Der Schmetterling aber begleitet den Hasen wie versprochen.

„Lauf nicht ganz so schnell", bittet er Leichtfuß, „ich komme sonst nicht mit!"

„Ich habe noch schrecklich viel zu tun", entschuldigt sich der Hase und rennt nicht mehr so schnell.

Es dauert gar nicht lange, da kommen beide im Hasendorf an.

„Als erstes muß ich mir Farben zum Mischen besorgen", erklärt Leichtfuß dem Schmetterling.

In seiner Farbkammer wählt er einen Topf mit roter, einen mit blauer und einen mit weißer Farbe aus. Dann beginnt er mit dem Mischen.

Der Schmetterling schaut Leichtfuß dabei gespannt zu. Der rührt die Mischung kräftig um und murmelt: „Ein bißchen Weiß noch, dann müßte die Farbe stimmen."

Auf einem kleinen Stein probiert der Hase die Farbe aus.

„Einwandfrei!" sagt der Schmetterling bewundernd. „Du hast genau den Farbton meiner Flügel getroffen!"

„Tja", brüstet sich Leichtfuß, „ein richtiger Osterhase versteht sich eben aufs Farbenmischen!"

Etwas leiser fügt er hinzu: „Ich laufe jetzt und besorge ein Ei. Warte du hier vor meinem Haus auf mich. Sobald ich dann zurück bin, beginnt die Arbeit. Hoffentlich gelingt mir das Muster so gut wie die Farbe!"

Schon hoppelt Leichtfuß davon... und kehrt wenig später mit einem Ei wieder.

Er stellt es in einen Eierhalter-Korb, setzt sich daneben und fängt mit der Arbeit an.

Dabei erklärt er dem Schmetterling: „Erst bemale ich das Ei in der Grundfarbe deiner Flügel, also in Rosa. Dann setze ich Tupfen darauf und umrahme sie entweder mit Blau oder mit Rot."

Der Schmetterling hält mucksmäuschenstill. Er wagt es kaum zu atmen.

Als das Ei gerade halbfertig ist, kommen ein paar Hasen vorbei. Sie bleiben stehen und sehen Leichtfuß bei der Arbeit zu.

„Oh, das ist aber ein schönes Ei!" ruft einer bewundernd.

„Es sieht genauso fröhlich aus wie der Schmetterling, der sich gerade darauf setzt", fügt ein anderer hinzu.

Leichtfuß freut sich, daß sein Osterei den anderen gefällt.

„Verratet noch nichts dem Ober-Osterhasen", bittet er die Hasen. „Es soll eine Überraschung werden."

Endlich ist das Ei fertig.

Leichtfuß ist mit seinem Werk zufrieden und zeigt es dem Ober-Osterhasen.

„Schön! Wirklich einmal etwas anderes als unsere üblichen Ostereier!" lobt dieser.

Da gesteht Leichtfuß sein Mißgeschick mit dem angeknacksten Ei und dem umgestoßenen Farbtopf.

„Nun", sagt der Ober-Osterhase, „ich will die Geschichte vergessen, aber nur unter einer Bedingung: Daß du noch mehr solcher Eier malst!"

Das braucht er Leichtfuß nicht zweimal zu sagen. Voller Eifer macht er sich an die Arbeit. Er malt und malt und ist ganz erstaunt, als der Ober-Osterhase ruft: „Schluß jetzt mit dem Eiermalen! Es ist Ostern, und wir müssen die Eier austragen!"

In diesem Jahr bekommen alle braven Kinder ein Osterei von Leichtfuß.

Ob du wohl auch eines bekommst?

Das Überraschungsei

Kurz vor Ostern kommt im Osterhasendorf ein Wagen voller Eier an. „Na, so was! Ein Riesenei! Welches Huhn hat denn das gelegt!" staunt der Oberosterhase.
„Das soll unser Meister Paletti bemalen", entscheidet er dann. „So ein großes Ei gibt's nicht jedes Jahr."

Paletti ist sehr stolz, daß gerade er ausgewählt wurde. Schwungvoll beginnt er zu arbeiten, während seine Freunde ihm bewundernd zusehen.
„So gut könnte ich das nie", seufzt der Igel. Der Maulwurf blinzelt durch seine dicken Brillengläser und brummelt: „Und ich erst!"
Paletti lacht nur. „Woher wollt ihr das wissen? Ihr habt es ja noch nie probiert!"

Endlich ist das Ei fertig. Es ist wirklich ein Kunstwerk geworden! Meister Paletti tritt einen Schritt zurück und betrachtet es zufrieden. Doch als er es hochheben will, passiert das Unglück: Das Ei rutscht ihm weg und rollt den Hügel hinunter auf den Teich zu!
„Mein Ei!" schreit er und jagt in langen Sätzen hinterher. „Haltet mein Ei!" Die anderen Osterhasen lassen sofort alles stehn und liegen und rennen mit.

Aber vergeblich. Platsch! landet das Ei im Wasser. „Schnell, aufs Floß!" Paletti springt auf, ein paar Hasenkinder hinterher, und schon paddeln sie los.
„Ein Stückchen noch!" ächzt der Hase und beugt sich weit über den Floßrand. „Gleich hab ich's!"
Am Ufer rennt der Igel aufgeregt hin und her. „Haltet ihn bloß gut fest! Er kann nicht schwimmen!"

Endlich kann Paletti das Ei packen. Er will es auf das Floß heben, doch plötzlich knackt es laut und — „quak, quak, quak!" — purzelt ein Entenküken heraus.
Paletti schnappt nach Luft. „Da soll doch gleich …! Wo kommt das Küken her?"
„Mama?" quakt das Entlein und schaut neugierig von einem Hasen zum anderen.

„Also, ich bin nicht deine Mama", murmelt Paletti verlegen. „Aber keine Angst, wir bringen dich gleich zu ihr!" Sofort machen sie sich auf den Weg zum Bauernhof.
Ist das ein Hallo, als die Hasen dort ihre Geschichte erzählen! Mutter Ente kommt aus dem Kopfschütteln nicht mehr heraus. „Diese verrückten Hühner", quakt sie immer wieder, „schleppen einfach mein Ei zu den Osterhasen!"

Die bunten Eierschalen sind zum Wegwerfen natürlich viel zu schade. Die Hasen dürfen sie mit nach Hause nehmen, und Meister Paletti hat auch gleich eine prima Idee: Er schenkt sie der Hasenfrau Violetta.

„Das wird meine schönste Blumenvase!" sagt sie begeistert. Was glaubst du, wie oft sie ihren Gästen die Geschichte vom „Überraschungsei" erzählt hat!

Immer kurz nach Ostern wird im Hasendorf das Osterhasenfest gefeiert. Da treffen sich die Hasen mit allen ihren Freunden und erholen sich so richtig vom Eiermalen.
Gleich nach dem Frühstück sind Ferdl und Flora zur Festwiese hinübergesprungen.
Flora jubelt: „Alle sind schon da! Die Hamster, der Igel! — Juhu! Wir kommen!"

Ihre Eltern schlendern gemütlich hinterher. „Willkommen, Herr Hahn! Guten Morgen, Frau Henne!" begrüßen sie freundlich ihre Eierlieferanten.

Dann ruft Herr Hase: „He, Ferdl, Flora! Nehmt die drei Küken mit, und zeigt ihnen alles, sie sind zum ersten Mal hier!"

Das lassen sich die beiden nicht zweimal sagen. Ferdl übernimmt sofort die Führung.

„Hallo, ihr drei! Wir müssen zuerst zur Losbude. Sonst ist der Hauptgewinn weg!" bestimmt er und rennt los.
Die Küken kommen aus dem Staunen nicht mehr heraus. „Schau nur, ein Karussell! Und so viele Buden! Wir wollen Karussell fahren!" piepsen sie durcheinander.
Aber Ferdl will erst Lose ziehen. Er muß immer an den Hauptgewinn denken. Also, auf zu den Hamstern!

An der Losbude treffen sie das Eichhörnchen und die Mauszwillinge. Sie haben auch schon ihr Glück versucht, aber der tolle Hauptgewinn — ein Malkasten mit 10 verschiedenen Farben! — ist noch zu haben.
Ferdl rollt sein Los auf und ... springt wie ein Gummiball in die Luft.
„Ich hab ihn! Ich hab den Hauptpreis! Hurra!" Dieser Ferdl ist doch ein richtiger Glückspilz.

Natürlich müssen die Hasenkinder die Gewinne sofort den Eltern zeigen.
„Ich hab zwei Pinsel! Und Ferdl den Malkasten! Dürfen wir nächstes Jahr schon echte Eier anmalen?" fragt Flora atemlos.
Vater Hase lacht: „Ich will stark hoffen, daß ihr mir dabei helft! Mit so einer Ausrüstung!" Jetzt ist Ferdl nicht mehr zu bremsen. „Ich werde der beste Eiermaler aller Zeiten!"

Als nächstes geht es endlich zum Karussell. „Nicht drängeln, jeder kommt dran!" versucht der Fuchs die Tierkinder zu beruhigen. Dazu läutet er mit der großen Glocke. Er hat alle Hände voll zu tun, die aufgeregten Kinder in einer Reihe zu halten.
„Juhu, Flora, wir fliegen!" schreien die Küken in ihren Gondeln. Sie sind rundherum glücklich. Am liebsten würden sie gar nicht mehr aussteigen.

Aber sie lassen sich dann doch überreden, zum Dosenwerfen mitzugehen.
Peng! Der Hamsterjunge hat gleich drei Dosen heruntergeschossen. Ferdl will es unbedingt noch besser machen. Er holt aus, zielt, wirft — und trifft den Igel genau am Kopf!
„Aua! Paß doch auf!" Der Igel ist ganz schön erschrocken. „Tut mir leid", murmelt Ferdl.

Erst spät am Abend geht Familie Hase heim. Der Vater verteilt zum Schluß noch Möhren an alle.
Ferdl beißt gleich herzhaft hinein. „Hab ich einen Hunger!" mümmelt er mit vollen Backen.
„Es war einfach himmlisch!" strahlt Flora. „Ich freu mich jetzt schon auf nächstes Jahr! Mal sehen, ob Ferdl dann wieder den ersten Preis gewinnt!"

Kaninchen Stupsi bei den Osterhasen

Heute feiert Familie Osterhase ein fröhliches Fest: Kaninchen Stupsi, der Freund der Hasenkinder Moritz und Michel, wurde vom Oberosterhasen zum „Osterkaninchen" ernannt.
Was für eine Ehre!
Stupsi — das ist übrigens der mit der rot-blauen Mütze — ist mächtig stolz darauf. Er — ein Osterkaninchen!
Aber ich will die Geschichte von Anfang an erzählen.

Eines Morgens trifft bei den Kaninchen ein Brief aus dem Hasendorf ein. Mutter Kaninchen ruft: „Stupsi, komm her! Moritz und Michel haben geschrieben!"
Sie liest laut vor: „Lieber Stupsi, wir laden Dich für eine Woche zu uns ein. Frag gleich Deine Eltern, ob Du kommen darfst! Wir wollen Dir doch zeigen, wie die Ostereier bemalt werden. Bis bald! Moritz und Michel."

Natürlich darf Stupsi seine Freunde besuchen. Einige Tage später kommt er auf dem Bahnhof im Hasendorf an. Die Zugfahrt war sehr aufregend für ihn, denn er war zum ersten Mal ganz allein unterwegs.

„Fein, daß du da bist!" ruft Moritz und springt ausgelassen auf eine Bank. „Aber jetzt komm schnell, es gibt so viel zu sehen, und alle warten schon auf dich!"

Sie beginnen ihren Rundgang in der Tischlerei, wo die Eierhalter gemacht werden.

„Da stellen wir die Eier hinein, damit sie beim Bemalen nicht umfallen. Siehst du — so", erklärt Moritz und setzt sich auf einen drauf. Leider ist der frisch lackiert.

„Iii! Ich hänge fest!" schreit er. Michel und Stupsi kichern schadenfroh über seinen klebrigen Hosenboden.

Danach gehen sie in die Farbküche. Hier werden die Farben gemischt und angerührt.
„Willst du es mal versuchen?" fragt Michel, und Stupsi nickt eifrig. Er gießt so schwungvoll rote Farbe in einen Topf, daß er seine Freunde von Kopf bis Fuß vollspritzt.
„Paß doch auf! Nicht so schnell!" ruft Moritz, und Michel seufzt: „Du mußt wirklich noch viel lernen."

Die nächste Station ist die Pinselmacherei. Der Meister dort ist immer zu Späßen aufgelegt.
Diesmal packt er Michel an einem Ohr und murmelt nachdenklich: „So feines Pinselhaar hatte ich lange nicht mehr. Ich glaube fast, ich muß euch die Ohren abschneiden."
„Bloß raus hier!" schreit Stupsi entsetzt und hält seine Ohren fest. Schnell springen die drei davon.

Am schönsten ist es schließlich im Malatelier. Dort entwirft der Oberosterhase neue Eiermuster. „Ich hoffe, ihr helft mir ein bißchen!" ruft er, als er die Kinder kommen sieht. Das muß er ihnen nicht zweimal sagen.
Vor allem Stupsi denkt sich ganz neue und besonders farbenfrohe Muster aus. Und so kommt es dann, daß ihn der Oberosterhase zum „Osterkaninchen" ernennt.

Die verschwundenen Ostereier

Es ist wenige Tage vor Ostern. Der Morgen dämmert gerade erst, und die Hasen in Osterdorf schlafen noch tief und fest. Kein Wunder! Was haben sie in diesen Tagen auch alles zu tun!
Von morgens bis abends mischen sie Farben und malen Eier an. Und jeden Abend bringen sie die fertigen Ostereier zur großen Eierwiese.
Tagsüber sitzt dort Hase Tagauge auf dem Wachtposten und paßt auf, daß niemand eines der kostbaren Eier stiehlt. Denn leider haben die Osterhasen schlechte Erfahrungen gemacht.
Es ist etwa fünf Jahre her: Damals hat ihnen eine Elster am hellichten Tag einige Eier stibitzt. Glücklicherweise hatte Hase Weitblick sie dabei beobachtet. So konnten die Hasen ihr die Eier wieder wegnehmen.
Seit dem Tag wird die Eierwiese vor Ostern immer streng bewacht. Auch nachts!
Am Abend, wenn die Osterhasen die frisch bemalten Eier zur Wiese gebracht haben, kommt Hase Nachtauge und löst Wächter Tagauge ab.
„Mach's gut, alter Junge, und halt die Augen offen", sagt Tagauge jedesmal, bevor er nach Hause geht.
Und Nachtauge erwidert regelmäßig: „Keine Sorge, auf Nachtauge ist Verlaß."
So war es auch am letzten Abend.
Doch nun, in aller Herrgottsfrühe, rennt Nachtauge, so schnell er kann, dem Hasendorf zu. Dabei läutet er wild mit der Glocke. Und noch bevor er die ersten Häuser von Osterdorf erreicht, fängt er schon an zu schreien: „Hilfe! Diebe!"
Die Osterhasen schrecken aus dem Schlaf hoch. Hat da nicht jemand laut gerufen und die Wächterglocke geläutet.
Was hat er gerufen?... Diebe?
Dann muß es Eierwächter Nachtauge sein. Du liebe Zeit!

Nichts wie aus den Betten! Schon fliegen Fenster auf, kommen Hasen in Schlafanzug und Nachthemd auf die Straße gelaufen. „Was ist los? – Was ist geschehen?" bestürmen sie Nachtauge mit Fragen.

Atemlos vom schnellen Lauf berichtet der Eierwächter: „Die Ostereier... fast alle unsere Ostereier... sind weg!"

„Weg?" fragen die Hasen ungläubig. Im Nu sind auch die verschlafensten hellwach. „Aber wieso sind sie weg? – Hast du wohl nicht aufgepaßt? – Warst du etwa eingeschlafen?" Fragen prasseln auf Nachtauge herab.

Der Eierwächter schlägt beschämt die Augen nieder und gesteht bedrückt: „Ja, ich habe geschlafen. Zum ersten Mal in meinem Leben habe ich nachts geschlafen. Ich weiß wirklich nicht, wie das geschehen konnte... Gestern nachmittag nach dem Besuch von Familie Stibitzmaus war ich schon ein bißchen müde... Später dann, auf der Eierwiese, wurde ich immer schläfriger... Ich kann nichts dafür, irgend etwas muß mit mir nicht in Ordnung gewesen sein..."

„Versuche nicht, dich herauszureden", sagt Osterhase Hochnas. Oje, geht da ein Schimpfen und Schreien in Osterdorf los. Der arme Nachtauge würde am liebsten in ein Mauseloch kriechen, so sehr schämt er sich. Und doch... Er ist fest davon überzeugt, daß irgend etwas mit ihm nicht in Ordnung war.

Schließlich ruft Pauline Samtig in den Lärm hinein: „Ruhe!... Seid endlich still!... Schimpfen hilft uns auch nicht weiter! Wir müssen nachdenken, wie wir den Dieb finden und unsere Eier zurückholen können!"

Pauline hat recht, und die Hasen verstummen. Hochnas ergreift das Wort: „Am besten ziehen wir uns jetzt alle erst einmal an. Danach wollen wir mehrere Gruppen bilden und die Eierwiese nach Spuren absuchen."

Gesagt, getan. Schon bald darauf erforschen die Hasen die Wiese. „Hier! Ich sehe Farbkleckse!" ruft Hase Weitblick plötzlich.

Sofort stürzen alle Hasen herbei.

„Da, seht nur!" Weitblick ist ganz aufgeregt. „Hier sind Farbspuren."

Die Hasen umringen ihn. Wahrhaftig, da sind rote und blaue Kleckse auf einigen Steinen.

„Aber ich sehe keine Fußspuren von den Dieben", gibt Hochnas zu bedenken.

Pauline überlegt laut: „Ich glaube die Eier sind nicht weggetragen, sondern weggerollt worden. Wenn die Diebe nämlich kleiner und schwächer sind als wir, mußten sie die Eier rollen. Und wenn sie kleiner und leichter sind als wir, kann man auch keine Fußspuren sehen..."

Das leuchtet den Hasen ein.

Weitblick ruft ungeduldig: „Los, folgen wir der Farbspur!"

Und schon stürmt er allen voran dem Wald zu.

Die anderen Hasen rennen hinterher.

Nur Pauline Samtig bleibt noch stehen. Sie denkt angestrengt nach. „Das wäre möglich", murmelt sie nach langem Grübeln. „Und dann hätte Eierwächter Nachtauge auch recht... Denn dann war wirklich etwas nicht in Ordnung mit ihm... Na, wir werden ja sehen..." Schon hoppelt auch sie dem Wald zu.

Flink waren die Diebe wohl, aber bestimmt nicht sehr schlau. Eine deutliche Farbspur zeigt den Hasen den Weg, den sie genommen haben. Vielleicht können die Hasen sie noch einholen...

„Ich habe ein Ei gefunden!" ruft Weitblick stolz.

„Dann merk dir die Stelle und nimm es auf dem Rückweg mit zur Eierwiese", rät Hochnas. „Jetzt komm, sonst erwischen wir die Diebe nicht mehr!"

Die Stelle kann ich mir leicht merken, denkt Weitblick, das Ei liegt bei dem letzten Baumstumpf am Wiesenrand.

Eiligst folgt er den Hasen in den Wald hinein.

„Pst, leise jetzt!" ermahnt Pauline die Hasen. „Vielleicht können wir die Diebe auf frischer Tat ertappen!"

Behutsam setzen die Hasen ihren Weg im Wald fort. Durch Gras und über Baumwurzeln führt die Farbspur.

„Wenn die Diebe wirklich kleiner sind, dann haben sie sich auf diesem weiten Weg ganz schön abmühen müssen", flüstert Hochnas.

Die anderen nicken zustimmend.

Plötzlich bleiben die Hasen stehen und lauschen. Sie hören da etwas... ein leises, piepsendes Stöhnen... und feine Stimmchen, die rufen: „Langsam! Vorsicht! Sonst reißt es uns mit in die Tiefe!"

Pauline tuschelt den anderen zu: „Das ist Familie Stibitzmaus. Kommt mit zur Lichtung, da gibt es etwas zu sehen!"

Das Bild, das sich den Hasen dort bietet, verschlägt ihnen die Sprache: Mäuse, besser gesagt, Spitzmäuse, mühen sich dort mit ihren Ostereiern ab. Ächzend und stöhnend versuchen sie, diese in ihr Mauseloch zu rollen.

„Da haben wir ja die Eierdiebe", sagt Hochnas laut.

Die Mäuse piepsen entsetzt und rennen in großer Angst dem Mauseloch zu.

Eine Maus fällt vor Schreck von einem Ei herunter. Eine andere läßt das Ei los, das sie gerade stemmt. Und eine dritte wird unter diesem Ei eingeklemmt. Sie piepst und jammert vor Schmerz und Angst. Mühsam windet sie sich unter der schweren Last hervor.

Da packt Pauline diesen Mäuserich am Ohr und stellt ihn zur Rede: „Ich tue dir nichts zuleide, wenn du mir meine Frage ehrlich beantwortest: Habt ihr Spitzmäuse gestern nachmittag dem Eierwächter Nachtauge heimlich ein Schlafmittel in den Kaffee getan?"

Der Mäuserich nickt und piepst ängstlich: „Ja."

Sogleich läßt Pauline ihn frei. So schnell er kann, humpelt der Mäuserich dem Mauseloch zu.

Das sieht so drollig aus, daß die Osterhasen laut lachen müssen.

Dann aber fragt Weitblick: „Wieso hast du gewußt, daß es die Spitzmäuse sind?"

Pauline erklärt: „Ihr erinnert euch doch sicher, daß Nachtauge von dem Besuch der Spitzmäuse erzählt hat?"

„Ja...! – Natürlich...", stimmen ihr die Hasen zu.

„Und ihr wißt auch noch, daß er das Gefühl hatte, irgend etwas sei an diesem Abend mit ihm nicht in Ordnung gewesen. Gewöhnlich würde er nachts kein Auge zutun. Und diesmal sei er schon bald nach dem Nachmittagskaffee fast eingeschlafen..."

„Ja..." – „Stimmt..." – „Das hat er gesagt", bestätigen die anderen Hasen.

Und Pauline fährt fort: „Als wir die Farbspuren auf der Wiese sahen, nahmen wir an, daß jemand die Eier nicht getragen, sondern fortgerollt hatte. Vermutlich, weil er zu klein und zu schwach war..."

„Ach so..." Den Hasen ging ein Licht auf.

„Da kam mir die Idee, daß die Spitzmäuse vielleicht Nachtauge ein Schlafmittel in den Kaffee getan haben, um dann nachts in Ruhe unsere Ostereier stehlen zu können...", beendet Pauline ihre Geschichte.

„Die Idee hätte von mir sein können!" meint Hochnas anerkennend. „Aber jetzt müssen wir zusehen, daß wir die Eier wieder auf die Eierwiese bekommen. – Pauline, du bleibst hier und paßt auf die Ostereier und das Mauseloch auf. Weitblick, Max und ich laufen ins Dorf und holen Pickel und Spaten."

Schon machen sich die drei Hasen auf den Weg. Bald darauf kommen sie mit den Geräten zurück.

„An die Arbeit", meint Hochnas, spuckt in die Pfoten und fängt an, mit dem Pickel die Erde zu lockern.

Weitblick und Max schaufeln eifrig. So legen sie allmählich den Mäusegang und schließlich eine größere Höhle frei. Ein Osterei nach dem anderen kommt dabei zum Vorschein und wird von den dreien mit lautem Juchhu begrüßt.

„Ich laufe schnell ins Dorf und sage den andern Bescheid, daß wir alle Ostereier wiederhaben", sagt Pauline. „Alle sollen hierher kommen und tragen helfen."

Schon will sie loshoppeln, da ruft Max ihr hinterher: „He, Pauline, nicht so eilig! Nimm doch gleich ein Ei mit!"

„Aber dann kann ich nicht so schnell laufen!" wendet Pauline ein und ist auch schon unterwegs.

„Der geht es nie schnell genug", brummt Weitblick.

Pauline saust wie der Wind. Atemlos kommt sie in Osterdorf an. „Alle mal herhören!" ruft sie schon von weitem. „Wir haben unsere Ostereier wieder!"

„Hurra! Hurra!" jubeln die Osterhasen.

„Kommt mit! Wir holen sie und bringen sie zur Eierwiese zurück!" ruft Pauline. Und schon rennt sie wieder zurück zum Wald.

Alle Hasen, die schon so groß und kräftig sind, daß sie ein Osterei tragen können, laufen hinter ihr her. Allen voran der glückliche Eierwächter Nachtauge.

„Sie kommen! Sie kommen!" verkündet Weitblick.

Natürlich müssen die glücklichen Finder Pauline, Hochnas, Weitblick und Max ihre Geschichte in allen Einzelheiten erzählen. Hochnas aber entschuldigt sich bei dem Eierwächter: „Es tut mir leid, daß ich dir nicht geglaubt habe, mit dir sei etwas nicht in Ordnung gewesen."

„Schon gut", sagt Nachtauge, „die Hauptsache ist, daß ich nachts wieder die Eierwiese bewachen darf!"

Nun packt sich jeder ein oder auch zwei Eier auf, und dann bewegt sich ein langer, bunter Zug dem Hasendorf zu.

„Was ist denn nur los?" wundert sich ein Eichhörnchen, „es ist doch noch gar nicht Ostern. Warum laufen denn heute schon die Hasen mit den Eiern herum?"

„Ja, weißt du...", erklärt ihm ein Hase und erzählt die Geschichte von den diebischen Spitzmäusen.

Schließlich erreichen die Hasen mitsamt den wiedergefundenen Ostereiern ihr Dorf.

„Die Eier! Unsere Ostereier sind wieder da!" jubeln die Hasen, die zum Eiertragen noch zu schwach waren und deshalb zu Hause bleiben mußten. Sie eilen herbei und betrachten und befühlen die Ostereier. Sie untersuchen, ob sie noch heil sind und ob viel Farbe an ihnen fehlt.

Osterhase Hochnas fragt: „Wollt ihr uns helfen, die Eier mit Farbe auszubessern?"

„Ja, gern!" rufen die kleinen Hasen.

„Dann laßt euch von unserem Farbenmeister ganz feine Pinsel und kleine Farbnäpfe geben und kommt zur großen Eierwiese", ordnet Hochnas an.

Das braucht er den Häschen nicht zweimal zu sagen.

Schon sausen sie davon und treffen bald darauf mit ihren Malsachen bei der Eierwiese ein.

Dort sind die größeren Hasen gerade dabei, die Ostereier zu ordnen: Auf eine Seite der Wiese bringen sie die Eier, die unbeschädigt geblieben sind; auf die andere Seite die Eier, an denen Farbe fehlt.

Mit Feuereifer machen sich die kleinen Hasen an die Arbeit. Endlich können sie einmal mithelfen! Endlich werden sie von den erwachsenen Hasen gebraucht!

Bis zum Abend sind alle Ostereier fertig ausgebessert.

Nachtauge löst freudestrahlend Eierwächter Tagauge ab.

„Mach's gut, alter Junge", sagt Tagauge wie üblich.

Und Nachtauge erwidert augenzwinkernd: „Keine Sorge, auf Nachtauge ist Verlaß."

Osterhase Hochnas aber lobt die Häschen: „Das habt ihr prima gemacht! Die Menschenkinder merken bestimmt nicht, daß an diesen Eiern die Farbe ausgebessert ist!"

Oder hast du schon einmal an einem Osterei eine ausgebesserte Stelle entdeckt?

Die Eierfärbemaschine

Wieder einmal steht Ostern vor der Tür. Alle Osterhasen treffen sich auf der Osterwiese zum Eierfärben. Aber wo bleibt Meister Wirbelwind? Eigentlich müßte er längst da sein und seinen Anteil an Eiern bemalen!

Die Hasen wundern sich langsam. Ein bißchen verrückt ist er ja, der

Wirbelwind, dem es nie schnell genug gehen kann. Aber zu spät ist er bis jetzt noch nie gekommen.

„Wir schauen einfach mal nach, was los ist", entscheiden sie schließlich. Gleich mehrere Osterhasen laufen zu Wirbelwinds Haus und spähen durchs Fenster.

Und was sehen sie? Der Meister arbeitet. Er nagelt an einer großen Holzkiste. Was das bloß werden soll?

Zurück auf der Osterwiese, rätseln sie immer noch hin und her, als plötzlich Meister Wirbelwind mit einem Handwagen auftaucht. Er strahlt über beide Backen.
„Alle mal herkommen!" ruft er. „Ich zeige euch meine neueste Erfindung — eine Eierfärbemaschine!"
Jetzt sind die Hasen aber sehr gespannt, was er sich diesmal wieder ausgedacht hat.

„Aufgepaßt!" Vorsichtig läßt Meister Wirbelwind ein Ei in den Trichter der Maschine rollen und drückt auf einen roten Knopf. Es rumpelt ein bißchen, und dann kullert ein leuchtend rotes Osterei an der Seite heraus und fällt in ein weiches Grasnest.

„Das gibt's doch nicht! Ein Wunder!" staunen die Hasen. Meister Wirbelwind lächelt geschmeichelt. „Jetzt färbe ich acht auf einen Streich!" verkündet er.

Doch was ist das? Kaum hat er die Eier eingefüllt und auf die farbigen Knöpfe gedrückt, da knirscht es im Getriebe, und plötzlich schleudert die Maschine ein Ei nach dem andern in die Luft!

„Fangt sie auf!" ruft er verzweifelt und versucht, die Maschine anzuhalten.

Aber die ist einfach nicht zu stoppen, und die Hasen sind viel zu erschrocken, um Eier zu fangen.

Eines nach dem andern fällt zu Boden und zerbricht. Schließlich sammelt Meister Wirbelwind einen ganzen Korb zersprungener Eier ein.
So ein Reinfall! Wie er sich schämt!
„Hihi! Da kommt der schnellste Eierzerstörer im ganzen Hasendorf!" kichern ein paar Lausbuben, als Wirbelwind an ihnen vorbeischleicht.

Aber der Meister erholt sich schnell von seinem Schrecken. Er sucht sich ein ruhiges Plätzchen und bemalt seine Eier, wie in jedem Jahr, mit dem Pinsel.
Nur von Zeit zu Zeit guckt er auf die Eierfärbemaschine.
„Ach ja", seufzt er, „das ging ja wohl etwas daneben. Aber ihr werdet sehen, ich finde den Fehler schon! Und dann — ha! werde ich als erster mit meinen Eiern fertig sein. Wartet nur ab!"

Häschen Blau

Wie gefallen dir eigentlich blaue Ostereier? Blau wie der Himmel oder das Meer, wie Veilchen oder Vergißmeinnicht, wie Tinte oder — nun, vielleicht fallen dir selber noch ein paar blaue Sachen ein, die du besonders magst.
Ich will jedenfalls heute von einem Osterhasen erzählen, der liebte blaue Eier über alles. Und deshalb wurde er von allen nur „Häschen Blau" genannt.

Als Häschen Blau geboren wird, ist die ganze Familie um seine Wiege versammelt.

„Ist er nicht süß?" fragt Vater Hase glücklich. „Schau nur, wie pfiffig er lacht!"

Und Mutter Hase flüstert zärtlich: „Na, mein kleiner Schatz, sag mal schön ‚Mama'!"

„Blau", brabbelt das Hasenkind.

„Hast du's gehört? ‚Blau' hat es gesagt!" jubelt Mutter Hase. „Ausgerechnet ‚blau'! So ein schweres Wort! Aus ihm wird noch etwas ganz Besonderes! Weißt du, wir werden es ‚Häschen Blau' nennen. Ist das kein schöner Name?" Vater Hase ist einverstanden. Schnell wird aus dem Baby ein frecher Hasenjunge. Er tollt auf der Wiese herum, springt Schmetterlingen hinterher und hat am liebsten immer nur blaue Sachen an.

Schließlich kommt Häschen Blau in die Schule. Der erste Schultag ist natürlich sehr aufregend.

„Ich bin ja so gespannt, wie es sein wird!" flüstert er seinem Freund zu. „Hoffentlich dürfen wir jeden Tag malen!"

Dann klingelt es zur ersten Stunde, und die Lehrerin kommt, um die Kinder hineinzuführen.

„Wir wollen gleich mit dem Eiermalen beginnen", schlägt sie vor.

Die Lehrerin teilt die abwaschbaren Übungseier und die Farbtöpfe aus und sagt: „So, und nun macht euch an die Arbeit! Ihr könnt so viele Farben verwenden, wie ihr wollt. Macht die Eier recht schön bunt!"

Schon beginnen die jungen Hasen zu malen. Vor Eifer haben sie rote Ohrenspitzen. Hoppla, da ist der erste Farbtopf umgestürzt! Aber das ist halb so schlimm.

Nach und nach wird es ganz still im Klassenzimmer. Die Hasenkinder rühren in den Töpfen, mischen neue Farben und bepinseln ein Ei nach dem anderen. Das strengt an!
Plötzlich bleibt die Lehrerin vor Häschen Blau stehen. „Na, so was!" wundert sie sich. „Du hast ja nur blaue Eier gemalt!" Häschen Blau lacht verschmitzt.
„Das ist doch seine Lieblingsfarbe!" ruft sein Freund.

Und ein anderer erklärt der Lehrerin: „Er mag nur Blau, sonst nichts! Darum heißt er ja so." Häschen Blau läßt sich von der Lehrerin nicht stören. Er malt weiterhin nur blaue Eier, hellblaue und dunkelblaue, violette und fliederfarbene, grünblaue und nachtblaue — er findet unendlich viele Blautöne.

Und wenn ihn die Mutter abends badet, ist sogar der Badeschaum blau!

Ostern im Schnee

Genau zehn Tage vor Ostern heißt es für die erwachsenen Hasen: jetzt beginnen die Ostervorbereitungen.
Für die Hasenkinder bedeutet dies: Schulanfang nach den Winterferien.
Du kannst dir vorstellen, daß an diesem zehnten Tag vor Ostern den großen und den kleinen Hasen das frühe Aufstehen schwerfällt. Nur ein Hase räkelt sich bereits in aller Frühe. Hase Humpel. Seine Aufgabe ist es nämlich, jedes Jahr, pünktlich zehn Tage vor Ostern, die anderen Osterhasen zu wecken.
Als Hase Humpel heute die Haustür öffnet, um seinen gewohnten Weckruf über das Dorf hallen zu lassen, verschlägt es ihm die Sprache.
Da scheint nämlich nicht wie sonst draußen die warme Frühlingssonne! Es blühen auch nicht wie üblich die ersten Frühlingsblumen und zeigen die Wiesen das erste zarte Grün! Nein, weiß ist es draußen. Dicker Schnee bedeckt die Felder und Wiesen. Humpel reibt sich die Augen. Sollte er sich im Kalender geirrt haben? Das wäre das erste Mal in seinem Hasenleben.
Sicherheitshalber geht Humpel noch einmal in sein Haus zurück und sieht auf dem Kalender nach. Nein, alle Tage bis auf die letzten zehn vor Ostern sind fein säuberlich abgehakt.
„Na, die anderen werden Augen machen", murmelt Humpel vor sich hin.
Dann tritt er vor seine Haustüre und ruft:
    „Wacht auf, ihr Hasen! Aus den Betten!
    Bis Ostern gibt's jetzt viel zu tun,
    da darf kein Osterhase ruh'n!
    Öffnet die Fenster und auch die Türen,
    wir dürfen jetzt keine Zeit mehr verlieren!"
Nach einer Weile öffnet sich die erste Haustür. Hase Brummel tritt heraus. „Huch, was ist denn das?" fragt er verwundert.

„Das ist Schnee", sagt Humpel. „Es hat heute nacht noch einmal geschneit."

Frau Humpel und Klara Brummel kommen neugierig an die Tür. „Wahrhaftig, Schnee!" staunen sie. „Und ausgerechnet jetzt vor Ostern!"

Frau Humpel geht ins Haus zurück und weckt ihre Kinder. „Aufstehen, heute fängt die Schule an!" Die Hasenkinder rühren sich nicht. „Stellt euch vor, es hat in der Nacht noch einmal geschneit", sagt die Häsin listig.

Im Nu sind die Hasenkinder aus den Betten. „Hurra, da können wir Schlitten fahren!" freuen sie sich.

Die Hasenmütter holen die Winterkleider wieder hervor. Und während die Kinder in die Schule gehen, machen sich die großen Hasen mit dem Schlitten auf den Weg zu den Hennen.

„Heute kommt mir der Weg viel weiter vor", meint Pummel, der voranstapft.

Schon von weitem hören sie im Hühnerhof lautes Gegacker.

„Ein schönes Wetter bringt ihr mit!" rufen ihnen die Hennen entgegen. Und alle reden erst einmal übers Wetter.

„Hoffentlich habt ihr vor lauter Aufregung und Gegacker das Eierlegen nicht vergessen", neckt Pummel die Hennen.

„Aber nein, aber nein", lachen diese. Und voller Stolz zeigen sie den Hasen, wie fleißig sie waren.

„Aber wie wollt ihr die Eier überhaupt zum Hasendorf bringen?" fragen sie aufgeregt. „Ihr habt ja gar keine Kiepen dabei."

„Mit dem Schlitten", erklären die Hasen.

Und schon tragen sie die Eier aus dem Hühnerstall und legen sie vorsichtig auf den Schlitten. Dann spannen sich alle davor und treten den Heimweg an.

Während sie so durch den Schnee stapfen, fragt Klara plötzlich: „Wie und wo wollen wir eigentlich die Eier bemalen? Draußen ist es nicht möglich. Da werden unsere Finger klamm."

„Ja, und womöglich friert uns noch der Po am Boden an", lacht Frau Humpel.

„Ich hätte eine Idee", meldet sich Pummel. „Wenn Lehrer Klecksel nichts dagegen hat, könnten die Kinder diesmal einen Teil der Eier vormittags im Unterricht bemalen... Und nachmittags würden wir Erwachsenen weiter daran arbeiten..."

„Eine wunderbare Idee", lobt Frau Brummel. „In der Schule haben wir wenigstens Platz."

Im Hasendorf sucht Pummel sogleich Lehrer Klecksel auf und erzählt ihm von seiner Idee.

„Selbstverständlich können die Kinder die Eier im Unterricht bemalen", stimmt der Lehrer zu. „Es wird ihnen viel Spaß machen. Vor allem werden sie sich sehr wichtig vorkommen, wenn sie erfahren, daß sie uns erwachsenen Hasen damit aus der Patsche helfen."

Sogleich werden alle Eier in die Schulturnhalle gebracht.

Am nächsten Morgen fragt Lehrer Klecksel: „Na, Kinder, wollt ihr in diesem Jahr den großen Hasen beim Ostereiermalen helfen?"

„Ja! Ja!" brüllen die Hasenkinder. Sie springen vor Begeisterung auf, klatschen in die Pfoten und tanzen im Klassenzimmer umher.

Lehrer Klecksel versteht ihre Freude und läßt sie erst einmal gewähren. Dann jedoch ruft er laut: „Kinder, wenn ihr die Eier bis Ostern fertig bemalt haben wollt, müßt ihr jetzt aber anfangen!"

Sofort setzen sich alle mucksmäuschenstill auf ihre Plätze und sehen den Lehrer erwartungsvoll an.

Herr Klecksel sagt: „Ich verteile jetzt die Farbtöpfe und Pinsel. Wenn ihr zwei Eier bemalt habt, dürft ihr euren Farbtopf und Pinsel weiterreichen. So bekommt ihr immer wieder eine neue Farbe, und das Bemalen wird euch nicht langweilig. Seid ihr damit einverstanden?"

„Ja!" brüllen die Hasenkinder.

Also holt Lehrer Klecksel die Farbtöpfe und Pinsel und gibt jedem Hasenkind das erste Ei zum Bemalen.

„Laßt euch nur Zeit", ermahnt er die Häschen, „ihr wollt doch, daß eure Eier schön werden und den Menschenkindern Freude machen, nicht wahr?"

Dabei sieht der Lehrer vor allem Paulchen Pummel an, der gleich ganz wild mit dem Farbpinsel auf seinem Ei zu streichen und zu tupfen beginnt.

Die Hasenkinder kichern. Jedes von ihnen weiß, daß er Paulchen meint. Bei ihm muß immer alles schnell gehen.

Paulchen aber nimmt sich vor: Diesmal werde ich ihnen beweisen, daß ich nicht nur schnell, sondern auch gut malen kann. Ganz gleichmäßig führt er nun den Pinsel über sein Ei. Er ist zwar trotzdem – wie üblich – als erster fertig, aber...

„Bravo!" lobt Lehrer Klecksel. „Das ist ein prächtiges Osterei geworden! Mach weiter so, Paulchen!"

Paulchen bekommt vor lauter Stolz ganz rosa Ohren.

Bald hat jedes Hasenkind sein erstes Osterei fertig, und Lehrer Klecksel muß neue Eier aus der Schulturnhalle holen.

Die Pinsel und Farbtöpfe werden ein paarmal weitergereicht. Und ehe sich's die Hasenkinder versehen, ist der Vormittag herum.

Lehrer Klecksel lobt seine fleißigen Schüler. „Natürlich gebe ich euch heute keine Hausaufgaben auf! Tobt euch nur tüchtig beim Schlittenfahren aus", meint er. „Dann macht morgen das Eiermalen wieder Spaß."

Die Hasenkinder stürmen hinaus, und schon ist eine zünftige Schneeballschlacht im Gange.

Wupps! – trifft Paulchens Schneeball das kleinste Hasenkind am Kopf. Vor Schreck setzt sich das Häslein in den Schnee.

„Hat es sehr weh getan?" fragt Klara besorgt. Doch das Häslein schüttelt den Kopf. „Dem geb' ich's zurück!" murmelt es.

Es rappelt sich auf, saust hinter einen Baum und formt dort einen ganzen Vorrat an Schneebällen. Damit bewirft es dann Paulchen, daß dem Hören und Sehen vergeht.

Schließlich haben sich die Hasenkinder genug ausgetobt und eilen hungrig nach Hause. Dort steht der Mund überhaupt nicht mehr still: Sie müssen ja von den vielen Ostereiern erzählen, die sie am Vormittag bemalt haben. Die Haseneltern loben ihre Kinder tüchtig!

Gleich nach dem Mittagessen geht es hinaus zum Schlittenfahren. Die Hasenkinder steigen den Waldweg bis zu den niedrigen Tannen hinauf. Von dort geht es dann – juchheirassa! – in schneller Fahrt bis zur Eierwiese hinunter.

Oje, jetzt hat Paulchen Pummel nicht aufgepaßt. Er ist zu rasch nach dem ersten Hasenkind losgefahren. Rumms! kracht sein Schlitten auf den des vor ihm fahrenden. Kopfüber fliegt das Häslein im hohen Bogen in den Schnee. Hoffentlich hat sich der arme Kerl nicht allzu weh getan!

Aber auch Paulchen kommt nicht ohne Sturz davon. Sein Schlitten und er schlagen einen großen Salto.

Und nun sausen von oben schon Klara und das kleinste Hasenkind auf sie zu. „Bahn frei! Aus der Bahn!" schreien die beiden. Oje, hoffentlich kommen die gestürzten Hasen rechtzeitig auf die Beine. Doch ja! Nun springen sie auf! Und im letzten Augenblick ziehen sie ihren Schlitten aus der Bahn.

Im Nu vergeht der Nachmittag.

In den nächsten Tagen malen die Hasenkinder weiterhin fleißig Ostereier an. So gut hat ihnen die Schule noch nie gefallen! Selbst die Faulsten und Geschwätzigsten sind begeistert bei der Sache.

Die erwachsenen Osterhasen aber überlegen inzwischen, wie sie in diesem Jahr die Ostereier wohl am besten verstecken. „Wir können sie nicht einfach in den Schnee legen", sagt Hase Humpel.

„Also brauchen wir mehr Nester als sonst", meint seine Frau.
„Dann müssen wir sofort anfangen, welche zu basteln", erklärt Herr Brummel. „Und alle müssen helfen, auch die Hausfrauen."
„Aber wie soll ich dann für dich und die Kinder kochen?" jammert seine Frau.
Bedächtig sagt Hase Humpel: „Ihr Frauen müßtet euch die Arbeit teilen... Hm, ja, ich hätte da eine Idee..."
„Laß hören!" – „Nun sag schon!" drängen ihn die Hasen.
„Ich stelle mir das so vor", erklärt Humpel: „Wenn zum Beispiel heute meine Frau für Familie Brummel und Familie Pummel mitkocht, können Frau Brummel und Frau Pummel in dieser Zeit Osternester basteln. Morgen würde dann Frau Brummel für drei Familien kochen, und wieder könnten zwei Frauen Nester basteln. Und so weiter."
„Toll!" – „Eine Superidee!" rufen die Osterhasen begeistert.
Am selben Tag noch wird der Vorschlag in die Tat umgesetzt. Frau Humpel kocht für die Familien Brummel und Pummel mit. Mittags bringt jeder seine eigenen Teller und Bestecke, und dann essen alle zusammen.
Na, du hättest sehen sollen, wie es den Hasen geschmeckt hat! In den nächsten Tagen wechseln sich die Hausfrauen im ganzen Hasendorf mit Kochen und Basteln ab. Und ihnen gefällt diese Arbeitsteilung so gut, daß sie beschließen: „Wenn Ostern vorüber ist, machen wir das bestimmt weiterhin jede Woche einmal. So haben auch wir Hausfrauen ab und zu mal einen freien Vormittag."
Da ist Hase Humpel natürlich ganz besonders stolz auf seine Idee.
Zwei Tage vor Ostern, also gerade noch rechtzeitig, werden die Nester fertig. Da fangen dann die Hasen an, sie mit Ostereiern zu füllen.
Am Ostermorgen schließlich, in aller Frühe, ist das ganze Dorf auf den Beinen, um die Schlitten zu beladen.

Hase Humpel hat sich Lehrer Klecksels gemütlichen Lehnstuhl ausgeliehen und in die Schulturnhalle gestellt. Dort sitzt Humpel nun und überwacht das Hinaustragen der Osternester.

„Brummels Schlitten muß zuerst beladen werden", bestimmt Humpel. „Brummel hat in diesem Jahr nämlich von allen den weitesten Weg."

Die Hasenkinder helfen eifrig, die Nester hinaus zu den Schlitten zu tragen. Doch beim Beladen dürfen sie nicht helfen.

Diese schwierige Aufgabe ist den erwachsenen Osterhasen vorbehalten!

„Vorsichtig! Seid doch vorsichtig", ermahnt Brummel. Er sieht zu, wie die Hasen kunstgerecht die Osternester auf seinem Schlitten neben- und aufeinander stapeln.

„Daß mir nur ja unterwegs kein Ei kaputtgeht!" sagt Brummel. „Und daß ich auch kein Nest verliere!"

Die Osterhasen erwidern gar nichts. Sie kennen Brummel, den Übervorsichtigen.

Schließlich ist sein Schlitten fertig beladen. Brummel spannt sich davor und stapft davon.

„Mach's gut!" rufen ihm die Hasen nach.

Und schon beginnen sie, den nächsten Schlitten zu beladen. In der Turnhalle wird der Berg von Osternestern immer kleiner.

Schließlich kommt Hase Humpel freudestrahlend nach draußen und verkündet: „So, das wäre geschafft. Paulchen Pummel hat gerade das letzte Nest geholt."

Da stapfen drei Hasen mit dem letzten Schlitten davon, um die Osternester für die Menschenkinder zu verstecken.

Als sie müde mit ihren leeren Schlitten ins Hasendorf zurückgekehrt sind und alle beisammen sitzen, sagt Hase Humpel: „Diese Ostervorbereitungen waren wirklich einmal eine Abwechslung. Aber jedes Jahr möchte ich so ein aufregendes Fest nicht erleben!"

Wo sind wohl die Ostereier?

Fünf Eier hat Osterhase Fridolin bemalt: ein blaues, ein gelbes, ein rotes, ein braunes und ein grünes.
„So, und jetzt muß ich loslaufen und sie alle verstecken", erklärt er dem Igel. „Ich freu mich schon drauf! Eierverstecken macht richtig Spaß."
Er packt die Eier in ein Körbchen, stellt noch einen Schokoladenhasen dazu und macht sich auf den Weg.

Mit langen Sätzen springt er durch den Wald. Das Eichhörnchen erschrickt ganz, als er vorbeistürmt.
„He, Fridolin! Wohin rennst du denn so schnell?" schreit es ihm nach.
„Na, morgen ist doch Ostern! Weißt du das nicht? Ich muß Eier verstecken!"
Und er rollt das erste Ei unter die ... und rennt weiter. Kannst du es sehen?

Aber Laufen macht hungrig, und so setzt sich Fridolin erst mal hin und rastet. Während er an einem saftigen Kohlkopf knabbert, macht sich plötzlich sein blaues Ei selbständig. Hat es etwa Beine bekommen?

„Aha, du steckst also dahinter!" ruft er empört, als er die kleine Maus entdeckt, die das Ei stibitzen will. Schnell sucht er dafür ein gutes Versteck.

Und weiter geht's. Fridolin kommt an den Bach und zögert nicht lange: Kurz entschlossen watet er hindurch.
Die Enten wundern sich. „Seit wann gehen Hasen denn freiwillig ins Wasser?" quaken sie.
„Ich muß doch meine Eier verstecken!" erwidert Fridolin. Und — husch! —liegt auch sein gelbes Ei da, wo es kaum zu erkennen ist. Pfiffig, nicht wahr?

Mit den zwei letzten Eiern läuft er dann zum Bauernhof. Dort spielt ein junger Hund draußen auf der Wiese.
„Na, du kleiner Kerl, da staunst du, was?" lacht Fridolin. „Aber laß mir bloß das braune Ei in Ruhe, das ist nicht für dich, das ist für die Kinder!"
Und voller Schwung saust er weiter. Der Hund schnuppert an dem Ei und wundert sich.

Fridolin kichert und verschwindet im Hühnerstall. Katze und Ente folgen ihm. Die Hühner schauen recht verärgert drein, soviel Besuch stört sie beim Eierlegen.
Aber der Hase lacht nur darüber und ruft: „Heute hole ich mal keine Eier bei euch, sondern bringe zur Abwechslung eines! Morgen ist doch Ostern!" Vorsichtig legt er das rote Ei ins Stroh. Da wird die Bäuerin staunen!

Jetzt bleibt nur noch der Schokoladenhase. „Wo steck ich nur den hin?" überlegt Fridolin. Dann hat er eine glänzende Idee: „Der kommt in den Kaninchenstall!"
Gesagt, getan. Ein junges Kaninchen schaut ihm dabei zu. „Du hast wohl eine Menge Spaß?" fragt es. „Und ob! Osterhase ist der schönste Beruf, den es gibt!" Und damit hoppelt Fridolin zufrieden zurück ins Hasendorf.

INHALTSVERZEICHNIS

		Seite
Ostern im Wald	*von Gisela Fischer*	6
Die Überschwemmung	*von Ursula Muhr*	22
Das riesengroße Osterei	*von Ursula Muhr*	29
Maxel hat Geburtstag	*von Ursula Muhr*	40
Häschen Kati im Kindergarten	*von Gisela Fischer*	47
Der Osterhase und der Schmetterling	*von Gisela Fischer*	54
Das Überraschungsei	*von Ursula Muhr*	68
Auf zum Osterhasenfest!	*von Ursula Muhr*	75
Kaninchen Stupsi bei den Osterhasen	*von Ursula Muhr*	83
Die verschwundenen Ostereier	*von Gisela Fischer*	90
Die Eierfärbemaschine	*von Ursula Muhr*	104
Häschen Blau	*von Ursula Muhr*	111
Ostern im Schnee	*von Gisela Fischer*	118
Wo sind wohl die Ostereier?	*von Ursula Muhr*	133